Vente des Lundi 23 et Mardi 24 Mars 1863

OBJETS D'ART

CURIOSITÉS

M. Ch. PILLET, Commissaire-Priseur

M. ROUSSEL, Expert

PARIS. IMPRIMERIE DE PILLET FILS AINÉ,
5, RUE DES GRANDS-AUGUSTINS.

CATALOGUE

D'OBJETS D'ART

ET DE CURIOSITÉ

ARRIVANT D'ITALIE

Tels que : Meubles incrustés, sculptés et dorés ;
Très-beaux Bronzes italiens du XVIe siècle ; Ivoires sculptés des XIVe et XVe siecles ;
Horloges en cuivre ciselé et doré du XVIe siècle ;
Mosaïques des XIIIe et XVIe siècle ; Joli Manuscrit du XVIe siècle ;
Faïences italiennes et autres Objets de collection

Grandes tapisseries anciennes.

DONT LA VENTE AURA LIEU

HOTEL DROUOT, SALLE Nº 5

Les Lundi 23 et Mardi 24 Mars 1863

A UNE HEURE

* * *

Par le ministère de Me **CHARLES PILLET**, Commissaire-Priseur,
rue de Choiseul, 11,

Assisté de M. **ROUSSEL**, Expert,

Chez lesquels se distribue le présent Catalogue.

* * *

EXPOSITION PUBLIQUE

Le Dimanche 22 Mars 1863, de une heure à cinq heures.

DÉSIGNATION

DES OBJETS

1 — Femme assise sur un lit; porcelaine d'Allemagne.

2 — Plusieurs figurines en porcelaine de Saxe.
Ce lot sera divisé.

3 — Cruche en grès gris émaillée de différentes couleurs.

4 — Autre en grès brun.

5 — Autre en grès.

6 — Trousse ou nécessaire se composant d'une fourchette, d'un couteau et d'une cuiller. Les manches en cuivre doré et ciselé.

7 — Paire de petits chandeliers gothiques en cuivre.

8 — Petit coffret en marqueterie de cuivre et écaille.

9 — Cuiller en fer ; une châtelaine et un autre objet.

10 — Groupe en ivoire d'après Donatello ; le Baptême du Jourdain.

11 — Plastron en cuir orné de peintures représentant le choc de deux chevaliers. Pièce rare d'harnachement de cheval au moyen âge.

12 — Joli bronze italien représentant une femme accroupie se touchant le pied ; sans doute, Eurydice ; fine patine.

13 — Christ en ivoire, finement sculpté. Travail italien du commencement du seizième siècle.

14 — Très-beau christ en ivoire, d'une grande expression. Travail allemand du commencement du seizième siècle.

15 — Autre plus grand ; monté sur croix et piédestal en bois d'ébène incrusté de pierres dures. Beau travail italien du dix-huitième siècle.

16 — Petit cor de courrier, en argent, parties dorées ; il est orné de gravures et de sujets de chasse en relief.

17 — Écritoire en cuivre doré et ciselé. Il est muni d'un briquet à batterie de pistolet.

18 — Jolie lanterne de vestibule, en fer ; elle est de forme octogone, décorée de feuillages et autres ornements.

19 — Autre plus grande, de forme carrée.

20 — Trois cadres en cuivre repoussé et argenté.

21 — Deux autres.

22 — Deux vases du même genre.

23 — Quatre jolies lumières, appliques en cuivre repoussé et argenté.

Ce lot sera divisé.

24 — Très-jolie console à accrocher, en bois sculpté et doré.

25 — Horloge et sa gaine, en bois sculpté et doré. Style Louis XIV.

26 — Jolie petite pendule en cuivre doré, de l'époque de Louis XVI.

27 — Paire de petits vases candélabres de la même époque.

28 — Gros poids en cuivre, dont la boîte est ornée de monstres et de figures en reliefs. Travail allemand du quatorzième siècle.

— 6 —

29 — Deux jeunes nègres d'assez grande dimension, ayant
servi à porter des lumières. Ils sont d'une très-belle
exécution.

30 — Petit écritoire trépied en bronze, dont le couvercle est
surmonté d'une figure d'enfant.

31 — Plusieurs plats en faïence italienne, de Savone et de
Trévise, etc.

Ce lot sera divisé.

32 — Tête de saint; fragment de mosaïque byzantine.

33 — Trois jolies attaches en bronze provenant d'une lampe.

34 — Casque vénitien en pâte. Joli cadre italien en bois
sculpté.

35 — Cinq pièces en fer, mélangées de parties en cuivre,
d'un beau travail, provenant d'un balcon.

36 — Très-jolie grille en fer, se composant de deux vantaux
et de deux dormants. Travail du même genre.

37 — Meuble armoire à portes vitrées, en ébène incrusté
d'ivoire.

38 — Très-joli petit meuble cabinet, décoré de plaques en
verre églomisé.

— 7 —

39 — Cabinet en ébène, incrusté d'ornements gravés sur
ivoire.

40 — Autre de plus petite dimension.

41 — Quatre jolies lumières en bois sculpté et doré, à réflec-
teurs en glaces gravées.

Ce lot sera divisé.

42 — Bel écritoire en bronze italien, de forme triangulaire.

43 — Vase en cuivre décoré de rosaces émaillées, forme de
buire à goulot allongé. Style oriental.

44 — Autre pareil, mais sans émaux.

45 — Deux jolis bénitiers en bois sculpté, ornés de peintures
sur verre.

46 — Quatre petites consoles en bois, époque de la Révolu-
tion. Elles sont supportées par un sphinx.

47 — Deux grands manteaux de cheminée en bois sculpté.
Style gothique italien du quinzième siècle.

Ce numéro sera divisé.

48 — Tête en terre cuite; une sculpture en bois.

49 — Grand rideau ou portière en point de Hongrie.

— Autre en étoffe brochée.

Ce numéro sera divisé.

50 — Sept grands plats d'étain, dits Briot, de différents modèles.

Ce numéro sera divisé.

51 — Joli fermoir d'aumonière en fer ciselé.

52 — Étui à flacons recouvert en peau, clouté en cuivre.

53 — Un autre plus petit.

54 — Quatre pommeaux de chaise en bronze.

55 — Clochette en bronze ornée de bas-reliefs du plus grand style, attribués à Ricci.

56 — Quatre pieds de meuble en cuivre doré et ciselé, représentant quatre génies jouant chacun d'un instrument différent et placés sur des socles ornés de cariatides contournées; sur leur base est une fleur de lis. Fragments de la fin du seizième siècle de la plus fine exécution.

57 — Bel écritoire trépied en bronze italien du seizième siècle. Le couvercle est surmonté d'une figure de Minerve.

58 — Chandelier gothique dont la tige est formée d'un personnage vêtu à la mode du temps.

59 — Jolie buire en cuivre de forme légèrement écrasée. Travail d'Augsbourg du quatorzième au quinzième siècle.

60 — Très-belle table console en bois sculpté, partie noire, partie dorée. Époque de Louis XIV.

61 — Paire de chenets en cuivre de la fin du quinzième siècle; ils sont composés de pièces d'enfilage et surmontés de petits lions.

62 — Six chandeliers ou candélabres en bronze italien, du seizième siècle. Ils vont par paire en décroissant et se composent d'une tige supportant le plateau, formée de feuillages et de trois gaines cariatides; d'un nœud en forme de vase cantonné de trois syrènes, et d'un pied de socle sur les volutes duquel sont assises trois figures de génies.

Ce numéro sera divisé.

63 — Les Quatre Saisons en bronze italien; jolies statuettes d'une belle patine.

64 — Jolie clochette en bronze italien, du seizième siècle.

65 — Cavalier Saint-Georges en faïence brune italienne, du quinzième siècle.

66 — Deux boucles agrafes en argent, enrichies de pierres d'imitation.

— Autre bijou du même genre.

67 — Meuble cabinet en ébène incrusté de plaques d'ivoire, représentant des sujets dans le genre de Callot.

68 — Très-beau scaldero ou brasero en cuivre repoussé; il est muni de son couvercle repercé à jour.

69 — Deux très-grands trumeaux en bois doré, placés sur des consoles pareilles. Style Louis XIV à Louis XV.

70 — Siège pliant à X, décoré de peintures laquées et garni de ses anciennes franges.

71 — Grand meuble en bois ronceux, formé d'un bureau à dos d'âne, d'une étagère vitrée et d'un fronton. Style de Louis XIV à Louis XV.

72 — Très-belle table à patin en ébène incrusté d'ivoire gravé.

73 — Joli pupitre de bureau du même genre.

74 — Vase en faïence à anse et goulot.

75 — Deux belles glaces en cuivre repoussé.
Ce numéro sera divisé.

76 — Meuble bureau, partie ébène incrusté d'ivoire et partie bois noirci.

77 — Table du même travail.

78 — Joli meuble cabinet en ébène richement incrusté d'ivoire.

79 — Autre cabinet du même genre.

80 — Cabinet en ébène décoré d'écaille.

81 — Cinq chaises sculptées recouvertes en cuir.

82 — Très-jolie horloge carrée en cuivre doré, gravé et ciselé, recouverte d'une riche coupole. Époque du seizième siècle.

83 — Autre très-fine, mais plus petite.

84 — Belle horloge en cuivre doré et ciselé, surmontée du Christ en croix, de saint Jean et de la Vierge.
Ces figures sont en argent.

85 — Deux très-belles consoles en bois de noyer richement sculpté. Époque de Louis XIV à Louis XV.

86 — Tableau mosaïque de bois.

87 — Six plats en porcelaine céladon vert de Perse.
Ce numéro sera divisé.

88 — Meuble cabinet en bois de noyer incrusté d'ornements
en étain, de l'époque de Louis XIII.

89 — Croix montée sur piédestal en corail décoré d'émaux
sur cuivre doré. Le Christ est également sculpté en
corail. Beau travail italien du commencement du
dix-septième siècle.

90 — Grand bénitier en faïence italienne, chargé d'ornements et de figures en relief.

91 — Deux miroirs porte-lumières en verre de Venise.

92 — Lustre en verre de Bohême, avec monture en cuivre.

93 — Deux grandes bordures pareilles, plaquées d'ébène et
ornées de moulures tremblées.

94 — Cadre de grandeur moyenne, en ébène incrusté de
plaques d'ivoires gravées.

95 — Frise en bronze, formée de trois plaques représentant
en haut-relief des figures de génies personnifiant les

quatre éléments : la Paix, le Commerce et l'Agricul-
ture. Bel ouvrage italien du seizième siècle.

96 — Belle paire de chenets en bronze, surmontés de figures
représentant Mars et Neptune; ayant pour socle un
vase flanqué de trois gaines cariatides, porté par un
patin formé de deux jeunes satyres adossés à un
mufle de lion. Ouvrage italien du seizième siècle.

97 — Paire de chenets italiens, formés d'un vase porté sur
un socle triangulaire décoré de figures; ils sont surmontés d'un pommeau se terminant par trois têtes,
et reposent sur une armature élevée en fer.

98 — Grand lit en fer richement décoré d'ajours et de rinceaux feuillagés et entremêlés d'oiseaux; il est cantonné de quatre colonnes ou piliers destinés à sup-
porter un baldaquin. Travail vénitien du commencement du dix-septième siècle.

99 — Chaîne en fer, formée de maillons richement travaillés
à jour.

100 — Autre à peu près pareille.

101 — Deux potences en fer richement travaillées.

102 — Autre paire plus petite très-fine.

103 — Très-grande potence en fer d'un beau travail.

104 — Autre du même genre.

105 — Plusieurs pièces en fer travaillé : heurtoirs, culots de lampes, etc.

Ce lot sera divisé.

106 — Sorte de lyre à laquelle sont adaptées des clefs se manœuvrant avec la main gauche, qui soutient l'instrument.

107 — Jolie viole d'amour à manche, à double tête, munie d'un grand nombre de cordes, dont la moitié vibrantes. Elle porte à l'intérieur le nom de son auteur, Mathias Klotz Mittenwaldt.

108 — Épinette ou clavecin à queue, dont le clavier est incrusté d'ivoire et soutenu par des consoles sculptées en ébène. L'intérieur de l'étui est décoré de peintures représentant la ville de Pise et la place de cette cité où sont réunis ses quatre principaux monuments. Il est daté.

109 — Tympanon dont l'étui est décoré de peintures. Époque de Louis XIV.

110 — Pupitre ou porte-livre en bois sculpté.

111 — Autre du même genre.

112 — Prie-Dieu en bois sculpté.

113 — Statuette équestre en bronze doré et ciselé. Elle est placée sur un socle de même métal, décoré de quatre bas-reliefs représentant des divinités marines. Le personnage semble être André Doria ou un grand capitaine de l'époque. Beau travail italien de la fin du quinzième siècle.

114 — Casque en fer gravé, forme morion, de la fin du seizième siècle.

114 *bis* Deux pertuisanes suisses ou allemandes.

— Épée en fer ciselé; la coquille est finement repercée et est à ourlet ouvert servant de garde-main. Arme italiennne ou espagnole.

Ce numéro sera divisé.

115 — Deux cadres à jour et délicatement refouillés avec leur dorure du temps.

116 — Cadre sculpté et doré, et un fragment de sculpture.

117 — Deux cariatides provenant d'un meuble.

118 — Grand fragment fronton de meuble en bois sculpté.

119 — Livre d'heures sur vélin, orné de miniatures d'une très-grande finesse d'exécution, et de vignettes paginales. Belle conservation. Travail français du quinzième siècle.

120 — Deux feuillets de diptyque, sculptés en ivoire, représentant des sujets de la Passion d'une grande finesse de sculpture. Travail italien du quatorzième siècle.

121 — Autres, représentant le Christ portant sa croix et le martyre de sainte Catherine. Joli travail allemand de la fin du quinzième siècle.

122 — Grand pied de croix en ébène, écaille et autre bois rapporté.

123 — Croix en bois de cèdre, montée sur piédestal. Elle est décoré, sur toutes ses faces, de bas-reliefs représentant des sujets de l'Ancien et du Nouveau Testament. Travail gothique du seizième siècle, d'une finesse extrême.

124 — Petite table de l'époque de Louis XV à Louis XVI, très-finement travaillée, en paille imitant la marqueterie de bois.

125 — Coffret en bois; travail d'incrustation et mosaïque de bois.

126 — Coffret en bois sculpté, travail oriental.

127 — Joli triptyque *alla certosa*, représentant des sujets de la Passion. Il est remarquable par sa petite dimension et par la finesse de l'exécution de ses sculptures.

128 — Beau coffret en fer couvert d'ornements et de sujets finement gravés et ciselés. Le dessous du couvercle, orné de reliefs du même travail, est occupé par une serrure très-compliquée et elle-même très-richement gravée.

Beau travail allemand du seizième siècle.

129 — Aiguière et son bassin en faïence de Pise, d'une forme élégante; ils sont décorés d'arabesques, en grotesques colorés, sur fond blanc et finement exécutés, à la manière urbinesque. Le même blason italien se trouve sur le vase et le plat. Au revers, se trouve la date de 1609.

130 — Beau coffret à bijoux, couvert de bas-reliefs sculptés sur os, représentant l'enfance et la vie du berger Pâris jusqu'à son jugement, lequel est représenté deux fois : les déesses s'étant offertes à lui vêtues, il exige, avant de rendre son arrêt, qu'elles paraissent à ses yeux parées seulement de leurs charmes.— Mercure, qui tient la pomme, est représenté sous la figure d'un ange.

Ce coffret est un des plus curieux en ce genre, dit *alla certosa*, à cause de leur monture en bois incrusté de mosaïques fines, d'ivoire de différentes couleurs.

131 — Grand épi de faîtage en faïence émaillée de la fin du seizième siècle, destiné à décorer des pignons de maison. Il se compose d'une suite de pièces d'enfilage dont la partie principale, le milieu, est un

vase élégant muni de quatre anses, dont deux sont formées de têtes de femme, ressemblant à Marie de Médicis, tandis que la pièce supérieure est décorée de quatre masques d'homme rappelant les traits de Henri IV. Sur la base se trouve également une tête de femme, et le tout est couronné par un pélican et ses petits, dans l'attitude de se percer la gorge ; quelques-uns de ces épis existent dans de riches collections particulières comme étant de Bernard Palissy. Le nôtre a été déplacé l'été dernier du pignon d'une maison de la ville de Falaise. Fabrique française dont le lieu principal a dû être entre Caen et Lisieux.

131 *bis* Vase provenant d'un épi pareil, complété par un piédouche refait en faïence ; les quelques restaurations de l'épi complet ont été également faites en faïence émaillée avec beaucoup d'habileté par M. Devers, sculpteur émailleur.

132 — Petit meuble cabinet ; joli travail de Milan, en fer damasquiné : l'extérieur est en ébène, orné de quatre plaques du même travail qu'à l'intérieur.

133 — Bas-relief en figures d'applique représentant le *Jugement de Pâris* ; bronze italien du seizième siècle, d'une très-belle patine et d'un beau travail.

Il est dans un cadre en bois doré et sculpté du seizième siècle.

134 — Paire de très-grands vases en faïence vénitienne, du commencement du dix-huitième siècle.

Deux anses formées de serpents enlacés partent de la panse, ornée de deux mascarons en relief, pour se rattacher à leur orifice étroit : quatre sujets habilement et largement peints y sont représentés, savoir : *l'Adoration des Bergers*, celle *des Mages*, *Jésus soutenu par des anges*, et *la Mise au tombeau*.

Belles pièces de décoration.

Un des piédouches a été refait en faïence émaillée.

135 — Quatre cariatides en bronze italien du seizième siècle.

136 — Écritoire en bronze italien du seizième siècle.

137 — Deux binets de chandeliers en bronze doré. Beau travail italien de la fin du seizième siècle.

138 — Lampe de suspension en cuivre découpé à jours. Joli travail vénitien du dix-septième siècle. Elle est munie de ses chaînes.

139 — Lampe (corps de) de suspension. Beau travail oriental du seizième siècle.

139 *bis* Boule en fer repercée à jour, couverte d'ornements incrustés en argent ; elle s'ouvre en deux parties.

Travail vénitien du seizième siècle.

140 — Plat burgauté, formé de fragments de coquilles nacrées, artistement combinées et reliées avec une pâte de carton et de gomme laque. Curieux travail oriental du seizième siècle.

141 — Très-grand bassin à piédouche, en cuivre repoussé, très-richement travaillé. Ouvrage italien de la fin du seizième siècle.

142 — Aiguière et son bassin (dits de Briot) en étain. Beau travail français du seizième siècle.

143 — Belle mosaïque représentant le portrait de Claire-Eugénie, gouvernante des Pays-Bas. Elle est représentée dans le riche costume de l'époque; la tête coiffée d'une aigrette retenue par une agrafe; sa collerette et ses manchettes sont en point coupé. Le travail des cheveux, des chairs et des dentelles est en cubes de mosaïques d'un millimètre environ carré; le tout est un composé de marbre de différentes couleurs, et d'émaux colorés et dorés.

Travail romain de la fin du seizième siècle, exécuté probablement d'après un portrait de Porbus.

144 — Coupe en cristal de roche démontée en quatre parties : le vase, l'anse, le balustre ou tige et le pied.

145 — Autre vase, forme d'œuf applati et entièrement évidé.

146 — Boîte bonbonnière en cristal de roche, finement taillée en pointe de diamants.

147 — Tableau sculpté très-finement en mosaïque, de bois de différentes couleurs, représentant *l'Adoration des Mages,* d'après une composition de Jean de Maubeuge. Curieux travail du commencement du seizième siècle.

148 — Poudrière, sans monture, en corne de cerf sculptée, représentant le sujet de *Pyrame et Thisbé*, représentés vêtus à la mode du seizième siècle.

149 — Poudrière en cuir gaufré et doré, d'un joli travail du seizième siècle.

150 — Jolie croix en argent doré, décorée sur ses deux faces d'émaux translucides et incrustés, représentant des figures de saints ainsi que les quatre attributs des évangélistes; le centre est occupé par une petite croix latine en cristal de roche; aux extrémités sont des vides quadrilobés fermés probablement autrefois par du cristal et ayant servi de reliquaires.

Travail italien du quatorzième siècle.

150 *bis* Très-joli calice en argent doré, du quatorzième siècle.

151 — Escopette ou petite arquebuse d'arçon à rouet, dont le bois représente des sujets de chasse sculptés en relief.

152 — Paire de jolies burettes en argent doré, de l'époque de Louis XIII ; les vases sont montés sur des tiges élevées.

152 *bis* Autre paire en argent, mais les récipients en verre.

153 — Belle croix processionnelle en cuivre repoussé et doré, dont la tige et les bras sont décorés d'ajours en broderie dans le style gothique ; le nœud est orné de six plaques niellées représentant des saints à mi-corps.

Curieux travail italien de la fin du quinzième siècle.

154 — Vase en argent repoussé, dit prix d'arc ; le couvercle est surmonté d'une figurine de saint Sébastien.

155 — Vase en argent repoussé, du même genre, mais sans couvercle.

156 — Vase en argent repoussé, mais dont le récipient est un coco sculpté, représentant trois sujets de l'Ancien Testament.

157 — Plat en argent repoussé ; le bord est décoré de rinceaux feuillagés, et le centre est occupé par un sujet mythologique.

158 — Jolie croix pastorale, richement montée en or émaillé ; l'arbre et les croisillons, en cristal de roche d'un seul morceau, sont garnies de cavités servant de reliquaires.

159 — Papillon formant montre, charmant bijou en or émaillé.

160 — Quatre sphinx ailés ayant servi d'anses, en cuivre doré.

161 — Deux instruments de mathématiques du seizième siècle.

162 — Deux vases à trois pieds fermés par des disques percés au milieu, très-finement exécutés. Ils servaient de réchauds qu'on chauffait au moyen d'un lampion en cire nageant dans l'eau. (On les appelait mortiers à cire.)

163 — Deux sièges, escabeaux en bois sculpté.

164 — Poignard dont le manche en bronze est formé d'une figure d'enfant posant sur un dauphin qui sert de traverse et tenant sur sa tête une petite vasque en forme de conque.

165 — Jolie figurine en bronze doré et ciselé, représentant un Mars.

166 — Paire de flambeaux vénitiens, style du seizième siècle, couverts d'ornements gravés.

167 — Jolie plaque ronde en vernis Martin, représentant un sujet d'après Greuze.

— Très-petit portrait d'homme, peint très-finement sur cuivre. Époque de Louis XIV.

168 — Deux médaillettes, pions d'échiquier sur bois, très-finement sculptés, représentant des personnages du seizième siècle.
Travail allemand.

169 — Deux autres, même travail, même époque.

170 — Poignée d'épée en agate.

171 — Horloge, ébène et cuivre, montée sur pied élevé.

172 — Grand vase à anse surélevée, formée de deux cariatides enlacées, et à goulot, représentant un muffle
de lion en bronze, forme bidon, du seizième siècle.

173 — Bas-relief en bronze, représentant le saint suaire
soutenu par deux anges.

174 — Quatre tableaux mosaïque de Florence.
Sera divisé.

175 — Saint Ambroise en os, avec cadre sculpté.

176 — Bénitier bois doré.

177 — Boîte damasquinée d'argent, travail levantin.

178 — Cheval en bronze.

179 — Petit bas-relief, plaqué en argent, avec cadre.

180 — Deux grandes tapisseries anciennes. Long. 6 mètres;
haut. 3 mètres 40 cent.

181 — Autre tapisserie. Long. 3 mèt. 20 cent.; haut. 3 mèt.

182 — Autre tapisserie. Long. 3 mèt. 80 cent.; haut. 3 mèt.
20 cent.

183 — Autre tapisserie. Long. 5 mèt.; haut. 3 mèt. 30 cent.

184 — Les objets omis au Catalogue seront vendus sous ce
numéro.